TEXTE DE EMMANUEL TRÉDEZ
ILLUSTRATIONS DE HALFBOB

Les réseaux sociaux, comment ça marche ?

et toutes les questions que tu te poses pour rester connecté !

FLEURUS
www.fleuruseditions.com

Textes : Emmanuel Trédez
Illustrations : Halfbob
Direction éditoriale : Guillaume Pô
Édition : Françoise Ancey
Direction artistique : Armelle Riva
Mise en page : Les Paoistes
Fabrication : Sabine Marioni et Thierry Dubus

Dépôt légal : mars 2016
ISBN : 978 2 215 156 376
MDS : 592170
N° d'édition : J16044
1re édition

Achevé d'imprimer sur les presses de l'imprimerie Neografia, Slovaquie.
Loi n° 49-956 du 16 juillet 1949 sur les publications destinées à la jeunesse.

Préface

Qu'on le veuille ou non, les réseaux sociaux numériques ont bouleversé notre façon de communiquer avec les autres. Ils nous offrent la possibilité d'entretenir des relations régulières avec nos amis, de retrouver des gens perdus de vue ou de nous faire de nouveaux contacts. Ils nous permettent de partager facilement, avec certains ou avec tous les membres de notre réseau, des textes, des photos, des vidéos, des liens Internet...

Sur la plupart des réseaux, pas seulement *Facebook*, l'ouverture d'un compte est autorisée à partir de 13 ans. Et pourtant, il n'est pas rare de voir des enfants bien plus jeunes utiliser des réseaux mobiles comme *Snapchat* ou *Instagram*, échappant en grande partie au contrôle de leurs parents. Or s'ils leur offrent un formidable terrain de jeux, ces jeux ne sont pas toujours si innocents.

Le but de ce livre est de répondre aux petites ou grandes questions que les enfants se posent sur les réseaux sociaux, qu'ils pratiquent déjà ou non. Il s'agit de leur faire découvrir à la fois les possibilités des réseaux sociaux et les bonnes pratiques à adopter pour les utiliser sans risque.

Emmanuel Trédez

C'est quoi, un réseau social dans la vraie vie ?

C'est tout simplement un groupe de personnes qui entretiennent des relations entre elles. Tu n'en avais peut-être pas conscience, mais tu fais partie de différents réseaux sociaux : il y a bien sûr ta famille, tes copains d'école ou de collège, mais aussi les copains que tu retrouves pendant les vacances, ceux du conservatoire ou du club de judo... Ces différents réseaux n'ont a priori aucun lien entre eux, ce qui ne t'empêche pas de faire du judo avec un copain de collège.

Internet n'a donc pas créé les réseaux sociaux !

Et les réseaux numériques comme *Facebook* ou *Twitter* ne vont certainement pas remplacer les réseaux de la vie réelle.

La loi du petit monde

Des chercheurs ont montré que chacun d'entre nous est seulement séparé par cinq personnes avec n'importe qui d'autre sur la planète. Qu'est-ce que ça veut dire ? Que quelqu'un, parmi les amis des amis des amis des amis de tes amis, est ami, par exemple, avec Justin Bieber ou Rihanna !

Et sur Internet, c'est différent ?

D'abord, les réseaux numériques ont ceci de particulier qu'ils mélangent souvent les relations des différents réseaux réels. Ainsi, parmi tes amis sur *Facebook*, tu peux très bien avoir quelques copains de ta classe, des élèves de ton cours de dessin, des cousins...
Les réseaux sociaux numériques sont souvent plus étendus. Les amis de tes amis deviennent vite tes amis : c'est très facile d'entrer en relation avec d'autres personnes qui ont les mêmes centres d'intérêt ou les mêmes goûts que toi. Il suffit de leur envoyer une invitation pour qu'ils rejoignent ton groupe d'amis ou d'accepter leur invitation.

Faut-il être ami avec ses parents sur *Facebook* ?

Si tu as moins de 13 ans, tu n'es pas censé avoir un compte *Facebook*. Et tu as tout intérêt à faire tes premiers pas sur les réseaux avec tes parents, soit en les prenant comme amis, soit en paramétrant ton compte avec eux et en leur montrant un peu ce que tu fais. Rien ne t'empêchera par la suite de sélectionner, grâce aux listes d'amis, ce qu'ils pourront voir de ton compte !

À quoi ça sert, en fait, les réseaux sociaux ?

Cela dépend beaucoup des réseaux.
Chacun a sa spécificité mais, globalement, les réseaux sociaux ont cinq fonctions principales. Ils te permettent de :

1 - te présenter. C'est ce que tu fais lorsque tu crées un profil. Certaines informations sont obligatoires, comme ton nom d'utilisateur, qui peut être un pseudo selon les sites ; ton adresse mail, indispensable pour te connecter au réseau (mais elle peut, et doit, rester masquée). D'autres sont facultatives, comme la photo, la ville où tu habites, la liste de tes goûts ou de tes activités...

Nous sommes tous sur plusieurs réseaux sociaux : 3,5 en moyenne en France !

2 - partager des contenus : articles, liens Internet, photos, vidéos... Tu peux être actif sur les réseaux sociaux et publier des contenus, ou te contenter de regarder ce que publient les autres.

3 - commenter ces contenus : par un simple « like » (j'aime) ou par un message. Encore une fois, libre à toi de participer ou non.

4 - rechercher des contacts et te mettre en relation avec eux. Pas de réseau social sans mise en relation ! À toi de voir si tu as envie de retrouver des amis que tu as perdus de vue, de rester en contact avec ta famille ou tes copains de collège... Certains contenus sont publics, d'autres non : pour accéder à ces contenus, il faut alors faire partie du réseau et faire une demande de mise en contact.

5 - être tenu au courant des publications de ton réseau. Tu reçois généralement des notifications.

Quels sont les principaux réseaux sociaux ?

Tout dépend de ce qu'on appelle un réseau social !

Eh oui, les gens ne mettent pas tous la même chose sous ce nom-là. Ainsi, pour certains, *YouTube*, *WhatsApp*, *Skype* sont des réseaux sociaux, pour d'autres non. De plus, les classements changent d'une année sur l'autre avec l'apparition de nouveaux réseaux, comme *Ask* en 2011, *Vine* en 2012, *QuizUp* en 2015... Avec, chaque fois, de nouvelles promesses. Quant aux réseaux sociaux plus anciens, ils se mettent au goût du jour : ils intègrent des fonctionnalités qui ont fait le succès d'autres réseaux. Par exemple, *Instagram*, qui était dédié aux photos, permet aujourd'hui le partage de vidéos.

Les jeunes désertent *Facebook* ?
Avec plus de 1,5 milliard d'utilisateurs actifs dans le monde, *Facebook* est de loin le premier réseau social. Mais il serait de moins en moins fréquenté par les « jeunes », car leurs parents et leurs grands-parents y sont : ils n'ont pas envie de se faire espionner !

Parmi les réseaux sociaux, on peut distinguer :

- les réseaux généralistes, comme *Facebook*, *Google+*, *Copains d'avant*...
- les réseaux professionnels, comme *LinkedIn* ou *Viadeo*.

Peut-être tes parents les utilisent-ils ?

Ce qui compte avant tout dans ces sites, c'est la **mise en relation**.

- les sites spécialisés dans la publication de blogs (*Tumblr*, *Skyblog*) ou la micropublication (*Twitter*, *Pheed*) ; dans le partage de photos (*Instagram*, *Pinterest*, *Snapchat*, *Flickr*), de vidéos (*YouTube*, *Dailymotion*, *Vine*), de musique (*Deezer*, *Spotify*)...

Ce qui prime dans ces sites, c'est le **contenu**.

- les outils de discussion (*Messenger*, *Skype*, *WhatsApp*)

Mais pourquoi ne pas considérer les sites collaboratifs comme *TripAdvisor* (communauté de voyageurs) ou *Babelio* (communauté de lecteurs) comme des réseaux sociaux ? Après tout, on crée un profil, on publie des critiques, on donne des notes...

INFO +

Le top 5 mondial en 2015 :

1. *Facebook*
2. *YouTube*
3. *Instagram*
4. *Tumblr*
5. *Google+*

Au secours, je n'ai plus de réseau !

Les réseaux sociaux numériques sont un moyen formidable d'entretenir des relations avec ses amis n'importe où et n'importe quand. À condition bien sûr d'être connecté : pas de réseau social sans réseau internet ! Le succès considérable des réseaux sociaux a été favorisé par le déploiement du Wi-Fi et de la 3G (ou 4G) – plus besoin d'être à la maison pour se connecter –, mais aussi par l'explosion du marché des téléphones portables et des tablettes. Tous les grands réseaux sociaux sont accessibles sur nos smartphones. Parmi les plus récents, certains ont d'abord été pensés pour être nomades, misant sur la photo (*Instagram*, *Snapchat*) ou les formats ultra-courts (*Vine*), qui permettent d'occuper les temps morts : quoi de plus facile que de regarder des photos dans les transports ou de faire un selfie devant la vitrine d'une jolie boutique ?

Est-ce que j'ai une bonne e-réputation ?

Ta réputation numérique, ou e-réputation, c'est l'image que les internautes se font de toi à partir des informations qu'ils trouvent sur Internet. Bien sûr, elle est liée à ton identité numérique – la façon dont tu as choisi de te présenter à travers tes différents profils –, mais aussi à tout ce que tu y fais : la musique que tu écoutes sur *Spotify*, les vidéos que tu postes ou « likes » sur *YouTube*, les gens que tu suis sur *Instagram*...
Ça, c'est ce que tu peux maîtriser. Mais il y a aussi tout ce que tu ne maîtrises pas : ce que tes amis, tes camarades de classe, tes relations, publient sur toi, qu'il s'agisse d'un « post » dans lequel on parle de toi, d'une photo où tu as été « tagué », d'un commentaire que tu as partagé avec d'autres gens. C'est à partir de tous ces éléments que l'on se fera une image de toi, plus ou moins cohérente avec l'image que tu souhaites donner. Elle peut être bonne comme mauvaise.

Tu t'es déjà « googlisé » ?
Pour connaître ton e-réputation, n'hésite pas à te « googliser » de temps en temps, c'est-à-dire lancer une recherche sur ton nom dans Google pour voir ce que remonte le moteur de recherche et pouvoir réagir au besoin.

Les réseaux sociaux, c'est gratuit ?

Oui et non.
Si par « gratuit », on entend qu'il n'y a rien à débourser pour s'inscrire, alors on peut dire que les réseaux sociaux sont gratuits, tout au moins pour une utilisation normale. Car pour bénéficier de certains services, qu'on appelle souvent « premium », il faut parfois payer un abonnement. Comme sur *Deezer* pour écouter des albums en « illimité » ou sur *YouTube* pour regarder des vidéos sans connexion Internet et sans pub.

Si les réseaux sociaux sont gratuits, c'est parce qu'ils sont financés par la publicité. Plus le réseau est important, plus il va attirer les annonceurs (les entreprises qui veulent communiquer sur leurs marques). Les pubs sur *Facebook* coûtent, par exemple, bien moins cher que les pubs à la télé et, surtout, elles sont beaucoup plus ciblées : grâce aux données personnelles qu'ils achètent aux réseaux sociaux, les annonceurs vont pouvoir communiquer plus efficacement auprès des utilisateurs qui les intéressent vraiment.

La gratuité, c'est la devise de Facebook, qui affiche sur le formulaire d'inscription : « C'est gratuit et ça le restera toujours. » Mais la gratuité a un prix !

Quelles données ? Toutes celles que tu fournis à *Facebook* lorsque tu crées ton profil et indiques ton âge, tes centres d'intérêt, tes goûts musicaux… ou lorsque tu « likes » des publications. Ce qui paraît gratuit au premier abord ne l'est donc pas tant que ça, puisque le prix à payer pour avoir accès au réseau social est d'accepter qu'il vende tes données personnelles aux annonceurs : des données qui valent de l'or !

Pourquoi il faut avoir au moins 13 ans pour s'inscrire sur certains réseaux sociaux ?

Au-delà des réseaux sociaux réservés aux adultes, comme les réseaux professionnels, un certain nombre d'entre eux sont accessibles à partir de 13 ans. Pourquoi cet âge ? Parce que ces sites sont américains, et qu'une loi, aux États-Unis, interdit l'utilisation à des fins commerciales des données concernant les mineurs de moins de 13 ans. C'est vrai pour *Facebook*, mais aussi pour tous les réseaux sociaux américains : *Google+*, *Twitter*, *Instagram*, *Pinterest*, ou encore *Snapchat* ! Et ça, on en parle beaucoup moins.
Sans doute parce que *Facebook* est le réseau social le plus populaire, peut-être aussi parce que c'est l'un des seuls à demander la date de naissance de l'utilisateur et à refuser l'ouverture du compte s'il n'a pas l'âge requis. Bien sûr, cela n'empêche pas certains d'entre vous de créer un compte en mentant sur votre âge mais, au moins, c'est affiché !

Indépendamment de cette loi, on peut considérer qu'en dessous d'un certain âge – 13 ans –, un enfant n'a pas la **maturité** suffisante et que, sauf exception, il ne connaît pas les **bonnes pratiques** pour utiliser sans risques les réseaux sociaux.

Un petit test ? Sais-tu que tes publications sont lisibles par tout le monde si tu ne penses pas à modifier les paramètres de confidentialité ? Qu'il est très difficile d'effacer complètement des données sur Internet ? Que pour publier une photo d'un de ses amis, il faut lui demander l'autorisation ?
Ce n'est pas tout. Tu risques aussi d'être confronté à des contenus qui ne sont pas de ton âge, comme des photos ou des vidéos violentes ou à caractère pornographique. Tu peux même faire de mauvaises rencontres sur les réseaux sociaux et notamment être la proie de cyber-pirates.

Alors, si tu n'as pas 13 ans, attends un peu avant d'aller sur les réseaux sociaux... Ou au moins fais-le avec l'aide et l'accord de tes parents. »

Que peut-il m'arriver sur les réseaux sociaux ?

Si les réseaux sociaux offrent de nouvelles possibilités d'échanges, ils présentent aussi des risques, surtout pour les plus jeunes. Attention...

– **à l'usurpation d'identité** (le fait de se faire passer pour toi), qui peut prendre plusieurs formes :

- la **création d'un faux profil** reprenant des éléments de ta vie privée, accessibles sur ton vrai profil ;
- le **piratage** du vrai compte par hameçonnage (ou phishing) : tu reçois un message d'une source officielle te demandant de lui fournir, par exemple, ton identifiant et ton mot de passe pour maintenir ton compte.

Les cyber-pirates en profiteront alors pour utiliser ton réseau et tenter, grâce à des arnaques, d'obtenir de l'argent, ou encore de diffuser des liens vers des sites contenant des virus...

– aux pédophiles

Les réseaux sociaux sont leur nouveau terrain de chasse. Il n'y a pas plus de risques de tomber sur des individus louches sur Internet que dans la vraie vie, mais comme tu te trouves derrière un écran d'ordinateur, tu te crois à l'abri. Or, quand tu acceptes un inconnu comme ami et discutes avec lui sur un réseau social, tu ne sais pas s'il correspond au profil affiché. Un pédophile peut parfaitement se faire passer pour une adolescente de 12 ans et manipuler un garçon du même âge pour qu'il se déshabille devant sa webcam ou accepte un rendez-vous.

– au cyber-harcèlement

Harceler quelqu'un, c'est s'acharner à l'humilier en le tournant en ridicule, en l'injuriant, en le menaçant. Le harcèlement existe dans la vraie vie, mais il s'exprime aussi sur les réseaux sociaux. Le cyber-harcèlement a ceci de particulier qu'il n'a pas lieu devant quelques élèves seulement, mais sur l'ensemble d'un réseau social. Derrière son écran, le harceleur se sent en sécurité : il ne se trouve pas en face de toi, ni exposé à ta colère, ni à ta souffrance, qui pourrait, dans la vie réelle, le faire changer d'attitude. Le cyber-harcèlement peut conduire à des tragédies. Dans tous les cas, si tu as un doute sur la conduite à tenir, parles-en à tes parents !

Comment je peux **limiter les risques** sur les réseaux sociaux ?

Il y a quelques règles simples à suivre, qui valent d'ailleurs autant pour les adolescents que pour les adultes !

Sur la confidentialité

- Donne le minimum d'informations personnelles. Surtout ni adresse, ni numéro de téléphone, ni e-mail.
- Choisis un bon mot de passe (difficile à trouver, pas trop compliqué à retenir) et ne le communique à personne. **Personne !**
- Règle tes paramètres de confidentialité *Facebook* sur **« Amis »** et surtout pas sur **« Public »**. Fais la même chose sur les autres réseaux.
- N'oublie pas de te déconnecter quand tu as fini ta session.
- Fais très attention aux personnes que tu acceptes dans tes contacts. Limite-toi autant que possible aux personnes que tu connais. Ne te lance pas dans une course aux amis !

Sur la publication

Tu es libre de publier ce que tu veux dès lors que tu respectes :

- la loi sur la liberté d'expression (tu ne peux pas publier d'injures ou de propos racistes par exemple) ;
- le droit d'auteur (pour publier des textes, des photos ou des vidéos qui ne t'appartiennent pas, tu dois obtenir l'autorisation des auteurs, et éventuellement payer des droits) ;
- le droit à l'image (avant de publier la photo ou la vidéo d'une autre personne, tu dois t'assurer que cette dernière est d'accord).

De manière générale, ne publie pas ce que tu ne voudrais pas que tes parents ou tes professeurs voient. Rien ne s'efface vraiment sur Internet.

Paramétrer ton compte *Facebook*

Il y a deux bonnes raisons de le faire : la première, c'est de limiter le nombre de gens qui ont accès à tes publications. Mais la seconde est tout aussi importante : si ton profil est paramétré sur « Public », *Facebook* devient le propriétaire de tous les contenus que tu as publiés. Rien ne l'empêcherait alors d'utiliser tes photos de vacances à des fins publicitaires ! Selon la loi, seules les publications réservées aux « amis seulement » sont considérées comme privées.

Pour mon profil, je prends un pseudo ou je crée un avatar ?

Cela dépend des réseaux sociaux ! Par exemple, *Facebook* s'appuie sur l'identité réelle de chaque utilisateur. Pourquoi ? Tout simplement parce que l'on cherche d'abord à retrouver d'anciens amis perdus de vue ou à discuter avec ses copains de la vie réelle. C'est plus difficile si l'on se cache derrière un pseudo ! Puis les propos que l'on tient quand on publie sous sa propre identité sont à la fois plus nuancés et moins fantaisistes que lorsqu'on publie sous un pseudo.
Sur des réseaux sociaux où le pseudo est la règle, les utilisateurs n'hésitent pas à « se lâcher » : ils disent des choses qu'ils ne diraient pas s'ils apparaissaient sous leur vrai nom.

Et pour la photo du profil ?

Certains recommandent aux adolescents de se créer un avatar plutôt qu'une vraie photo. Cela évite qu'elle « traîne » sur Internet. Pourquoi pas ? En plus, c'est plus amusant.

Comme mot de passe, je choisis le nom de mon chat ?

Ah non, il vaut mieux éviter !
De même, tout ce qui a un rapport avec toi : ta date de naissance, le nom de ton collège, etc. Si l'un de tes camarades était tenté de lire tes messages sur *Facebook*, il pourrait peut-être découvrir le mot de passe. Ce qu'il faut, idéalement, c'est une combinaison de lettres (majuscules et minuscules) et de chiffres. Au moins, huit signes. N'hésite pas à ajouter des caractères spéciaux, comme un point, un guillemet ou une parenthèse.
Le problème, c'est qu'il faut le mémoriser. C'est d'autant plus difficile qu'il va te falloir plusieurs mots de passe : eh oui, il est déconseillé d'utiliser le même sur les différents réseaux sociaux !
Une dernière chose, ne le fais pas mémoriser par ton navigateur (Chrome, Firefox, Safari) car si quelqu'un utilisait ton ordinateur ou ton portable, il n'aurait plus besoin du mot de passe pour accéder à ton compte !

Des phrases de passe ?
Certains les recommandent à la place des mots de passe : c'est plus long, donc plus difficile à trouver, et plus facile à retenir qu'un mot de passe avec des caractères spéciaux ! Mais si tu prends le titre d'un livre, change l'ordre des mots, et n'hésite pas, encore une fois, à ajouter un caractère spécial.

Je peux publier tout ce que je veux sur les réseaux sociaux ?

Certainement pas !
D'abord, parce qu'il y a des lois qui encadrent la liberté d'expression : on ne peut pas tout dire ! Tu serais puni par la loi (ou plutôt tes parents, qui sont responsables de toi, car tu es mineur) si tu publiais sur ton mur *Facebook*, ou sur le mur d'une autre personne, des propos insultants (dire de tel prof qu'il est nul ou de telle copine qu'elle est moche), ou diffamatoires (insinuer que tel camarade a triché à l'interro). Tu serais également puni si tes propos incitaient à la violence, au racisme ou à l'homophobie. Tu ne peux pas non plus publier des textes, des images, ou des vidéos dont tu n'es pas l'auteur à moins d'en avoir obtenu les droits.

En dehors de cette question légale, tu dois aussi te demander dans quelle mesure ce que tu as l'intention de publier pourrait être gênant pour toi, maintenant, ou dans plusieurs années. Car sur Internet, rien ne s'efface complètement. Avant de publier un post, demande-toi : est-ce que tu as envie que tes parents te voient en train de faire un doigt d'honneur, ou que ton prof lise ce que tu écris sur lui ?

Pour limiter les risques, commence par paramétrer ton compte : à toi de décider qui pourra lire tes publications. Sur certains réseaux sociaux, tu peux aussi créer des listes d'amis et, pour chaque publication, choisir parmi ces amis ceux qui y auront accès.

Dans tous les cas, sois prudent. Malgré le paramétrage de ton compte, qui sait si des ami(e)s ou des petit(e)s ami(e)s d'aujourd'hui ne vont pas, des années plus tard, après une dispute, utiliser tes publications pour se venger ?

Alors, un bon conseil, réfléchis avant de cliquer !

Est-ce qu'il faut croire tout ce qu'on me dit sur les réseaux sociaux ?

Non, non, trois fois non !
Tout d'abord, sur les réseaux sociaux, même si on se présente sous sa vraie identité, on a tendance à se montrer sous un jour plus flatteur que dans la réalité : on choisit sa photo avec soin, on ne raconte que ce qui nous met en valeur et, si on se moque de soi-même, c'est avant tout pour faire rire... Chacun a envie d'être apprécié. Pour avoir des « likes », on est prêt à s'inventer une vie plus belle qu'elle ne l'est réellement. Et cela vaut particulièrement pour les adolescents. Quant aux discussions sur des sujets de fond, ce sont souvent des opinions, des mouvements d'humeur qui n'engagent que leurs auteurs. On peut parler d'un sujet sans être vraiment un spécialiste et, donc, dire de grosses bêtises !

Plus grave, les réseaux sociaux sont friands de rumeurs. Des rumeurs sur des camarades de collège ou des profs par exemple. Elles se propagent à toute vitesse et font de terribles dégâts. Et pourtant, souvent, elles ne sont pas fondées, ou elles ne correspondent qu'à une partie de la vérité. Avant de commenter ou de partager ces informations, réfléchis bien.

Plus généralement, les réseaux sociaux se délectent de tout ce qui est de l'ordre du sensationnel, du scandale : des informations tellement incroyables ou révoltantes qu'on a envie de les partager en toute bonne foi, sans penser à vérifier ses sources. Et pourtant, ce sont souvent de fausses informations montées de toutes pièces ; des canulars, des « hoax », pour reprendre le terme anglais : fausses alertes au virus, fausses promesses, fausses informations présentées d'une façon qui nous pousse à y croire : photo-choc complètement truquée, article argumenté faussement scientifique... Ces « hoax » polluent les réseaux sociaux. Avant de relayer ce type de nouvelles, pense à regarder sur le site hoaxbuster.com. Tu en auras le cœur net ! »

Selfie d'un rescapé du Titanic (1912)

Est-ce que je peux mettre en ligne n'importe quelle photo ?

Eh non !
Ni les photos prises par quelqu'un d'autre, elles sont protégées par le droit d'auteur. Pour les utiliser, tu dois obtenir l'autorisation du photographe, à moins qu'elles ne soient libres de droits. Dans ce cas, c'est précisé.
Ni, en vertu du droit à l'image, les photos que tu as prises et sur lesquelles apparaissent une ou des personnes reconnaissables. Que l'image soit flatteuse ou non, ce n'est pas à toi d'en juger. Pour publier une photo, tu dois demander le consentement de chacune des personnes représentées. D'ailleurs, tu aimerais sans doute qu'on en fasse autant à ton égard. Une fois sur les réseaux, les photos circulent vite, et on ne sait jamais comment elles seront utilisées. Bien sûr, rares sont ceux qui prennent toutes ces précautions. Mais plus on est prudent, moins on a d'ennuis !
Si malgré tout la photo est publiée et qu'elle n'est pas du goût de la personne photographiée, celle-ci peut te demander de la retirer de ton mur *Facebook*. Cela vaut bien sûr aussi pour toi si tu vois une photo qui ne te plaît pas sur le mur de quelqu'un d'autre.

Et si je tombe sur des images choquantes ?

Dès lors que tu es en relation avec des adultes sur les réseaux sociaux, il y a un risque que tu tombes sur des contenus inappropriés : images violentes ou pornographiques. Les risques sont accrus si tu entres en contact avec des inconnus : de nombreux (faux) comptes sont dédiés à la pornographie.

Cela dit, certaines images viennent parfois d'adolescents qui, pour se rendre intéressants, n'hésitent pas à filmer et à partager leurs ébats sexuels ou les agressions dont ils sont les témoins ou les complices.

Si tu es confronté à des images choquantes, quitte la page ou le navigateur de ton ordinateur, et parles-en à tes parents ou à un adulte de confiance.

Les photos et vidéos pornographiques donnent une image de la sexualité qui ne correspond pas à la réalité, et elles peuvent être très perturbantes. Selon le réseau, il est possible de bloquer ou de signaler le compte qui a publié ces images.

Les émoticônes, c'est juste pour faire joli ?

Non, bien sûr ! À l'origine, il s'agissait d'une combinaison de caractères typographiques figurant, par exemple, lorsqu'on penche la tête, un visage souriant – un deux-points pour les yeux, un tiret pour le nez, une parenthèse pour la bouche – ou triste, selon que la parenthèse est ouverte ou fermée.

Aujourd'hui, le plus souvent, il s'agit d'images fixes ou animées (GIF), comme les frimousses (smileys) ou les cœurs : ces émoticônes japonaises s'appellent des « émojis », et il y en a pour tous les goûts ! Tu peux même en acheter, si tu ne trouves pas ton bonheur dans la liste proposée gratuitement sur ton smartphone.

Les émoticônes sont censées jouer à l'écrit le même rôle que l'expression du visage et le ton de la voix à l'oral : donner une indication sur l'état d'esprit de celui qui écrit le message et l'émotion qu'il veut faire passer. C'est particulièrement pertinent quand ton message est ironique, car sinon il risquerait d'être mal interprété.

Les Japonais se focalisent sur les yeux,
les Occidentaux sur la bouche.
Cela se traduit aussi dans les émoticônes.
Ci-dessous, **des bouches occidentales :**
:) :(:D :P
et des yeux japonais :
^_^ -_- >_< x_x

S'il n'y a pas que moi sur la photo, c'est un selfie ?

Au sens strict, un selfie est un **autoportrait** que tu prends avec ton smartphone et que tu publies sur les réseaux sociaux. Il permet d'attester ta présence sur un lieu ou d'exprimer ton humeur du moment. Mais si tu postes une photo de toi à côté d'une star ou avec tes meilleurs copains, tu peux quand même parler de selfie !

Les selfies connaissent un immense succès depuis la fin des années 2000. Ils font le bonheur de *Facebook* (photos de profil), mais surtout d'*Instagram* et de *Snapchat*. Il y a des codes (bouche en canard ou langue tirée), il y a des modes, et un nom (anglais) pour chaque type de selfie : un selfie avec son chien (dog) est un « delphie »...

Pour certains experts, le selfie serait hautement narcissique : on aimerait trop sa propre image. En même temps, dans un selfie, on ne se prend pas au sérieux : on se photographie au réveil ou en train de grimacer. Sans penser d'ailleurs que cette image pourrait un jour vous jouer un tour !

Est-ce que je peux entrer en **contact** avec des **stars** ?

Oui. Il est très facile de s'abonner aux comptes *Twitter* ou *Instagram* de tes stars favorites ou d'aimer leur « fan page » *Facebook*. En revanche, n'espère pas trop qu'elles te suivent en retour ou qu'elles répondent à tes posts ! Même si elles le voulaient, où trouveraient-elles le temps avec leurs dizaines de millions d'abonnés ou de fans !? Souvent, c'est un « community manager » qui gère leur image sur les réseaux et qui publie à leur place. Mais lorsqu'une star écrit elle-même ses tweets, comme la chanteuse Katy Perry, elle n'en a que plus de succès sur les réseaux.

Pour les stars, les réseaux sociaux sont un moyen fantastique de s'adresser directement à leurs fans : elles les informent de leur actualité (futurs concerts, albums en préparation, dédicaces...) ou se font mousser en partageant les critiques élogieuses. Certaines n'ont pas de secrets pour eux et les font même entrer dans leur cuisine... ou leur chambre à coucher à travers les photos ou les vidéos qu'elles postent sur *Instagram*.

Des tweets qui valent de l'or !
Avec leurs millions de fans sur les réseaux sociaux, les stars intéressent les marques. Ainsi, le footballeur Cristiano Ronaldo aurait été payé 230 000 euros pour un tweet vantant les mérites d'un parfum !

INFO +

Les champions des réseaux sociaux
- *Facebook* : Ronaldo, Shakira, Rihanna (plus de 100 millions de fans)
- *Twitter* : Katy Perry (environ 76 millions d'abonnés)
- *Instagram* : Taylor Swift et Kim Kardashian (environ 50 millions d'abonnés)
- *YouTube* : le gamer PewDiePie (12 millions d'abonnés)

Cristiana Kardana,

la footballeuse-chanteuse !

350 millions d'abonnés facebook !

123

Justin Bieber a 73 millions de beliebers sur *Facebook*, 40 millions sur *Instagram* et 60 millions sur *Twitter* !

Qu'est-ce que l'on fait sur *Facebook* ?

Facebook est un réseau social qui permet à ses utilisateurs de publier du contenu (textes, photos, vidéos...) et d'échanger des messages. Une fois que tu t'es identifié, tu arrives sur la page d'accueil où apparaissent les différents « statuts » de tes « amis ».

Les statuts ? Oui, le mot peut étonner : il s'agit de photos ou encore de messages que les membres de ton réseau ont publiés. L'ensemble forme ce que l'on appelle le **« fil d'actualité »**. En haut de la page figure le statut le plus récent. Tu peux « liker », commenter ou partager chacun des statuts.

Pour créer un compte, il faut avoir plus de 13 ans et une adresse e-mail.

Si tu cliques sur l'un d'eux, tu accèdes au journal de cette personne, sous réserve que tu sois autorisé à le lire. Selon que tu es un ami ou non, tu n'accèderas pas aux mêmes informations (ça dépend du paramétrage du compte). Le journal s'appelle aussi le **« mur »** parce que l'on peut écrire dessus.

Alertes

Dès que quelqu'un fait quelque chose en rapport avec ton profil (écrire sur ton mur, taguer une photo sur laquelle tu apparais, commenter un post), tu en es averti par une notification.

Et sur ton journal ? Tu peux publier (poster) un message, une photo ou une vidéo, partager un lien (article, photo, vidéo...) et choisir de le rendre accessible à tout le monde, à tes amis, ou seulement à certains groupes d'amis.
Sur *Facebook*, tu as aussi la possibilité d'envoyer un message privé ou de discuter avec les amis qui sont connectés en même temps que toi. Tu peux inviter des personnes à des événements et recevoir des invitations, participer à des groupes de discussion, jouer à des jeux ou encore créer une « fan page »...

INFO +

***Facebook* en bref :**
- **créé par Mark Zuckerberg en 2004,**
- **traduit en français en 2008,**
- **1,5 milliard d'utilisateurs actifs mensuels dans le monde,**
- **968 millions d'utilisateurs quotidiens (en juin 2015).**

C'est facile de se faire des amis sur *Facebook* ?

Il n'y a rien de plus facile !
Une fois ton compte créé, commence par rechercher tes meilleurs amis sur le moteur de recherche. Pour les retrouver, il faut bien sûr qu'ils soient sur *Facebook* et qu'ils n'utilisent pas de pseudo. Une fois qu'ils ont accepté ton invitation, *Facebook* affiche les profils d'autres personnes susceptibles de devenir tes amis. Il suffit de cliquer dessus pour leur envoyer une invitation. De la même façon, tu peux recevoir des invitations et les accepter ou non. *Facebook* est souvent le prolongement de ton carnet d'adresses réel : il te permet d'entretenir des relations avec ta famille, tes amis, tes copains de vacances...
N'accepte comme amis que des gens que tu connais et apprécies. C'est le meilleur moyen d'éviter les ennuis : mauvaises rencontres, utilisation mal intentionnée de tes statuts... Et si tu te rends compte que tu as trop d'amis sur *Facebook*, n'hésite pas à en supprimer certains. Ils ne le sauront même pas : ils disparaîtront de ta liste d'amis, et toi, de la leur.

Le nombre moyen d'amis en France est de 177.

Quand tu acceptes comme ami quelqu'un que tu ne connais pas, dis-toi qu'il accède exactement aux mêmes informations que ton meilleur ami.

Est-ce que ça se passerait ainsi dans la vraie vie ? Non, bien sûr ! Il y a une façon de distinguer ces différents degrés d'amitié, c'est de créer des **listes d'amis**. *Facebook* propose d'ailleurs de distinguer les **« amis proches »** des simples **« connaissances »**. Cela te permet notamment, lorsque tu publies un statut, de choisir les amis proches si les informations données sont un peu trop personnelles pour être lues par tous les « amis ».

La course aux amis
Parfois, sur les réseaux sociaux, c'est à celui qui aura le plus d'amis : 300, 500, 1 000 ; plus on aurait d'amis, plus on serait populaire.
Mais est-ce si flatteur d'être l'ami de quelqu'un qui a autant d'amis ?
Ce qui compte en amitié, c'est la qualité des relations, pas la quantité !

À quoi ça sert de « liker » ?

À se faire plaisir en faisant plaisir aux autres, sans doute !
C'est agréable de dire qu'on aime quelque chose ou qu'on encourage quelqu'un. Et puis, ça ne coûte rien, il suffit de cliquer sur « j'aime ». Mais justement, est-ce que l'on met beaucoup de sentiment quand on « like » ? Pas sûr ! On a tendance à « liker » tout et n'importe quoi : des publications aussi différentes qu'une photo de profil rigolote, la couverture d'un livre qui vient de sortir ou le soutien à une grande cause. Il n'y a pas de nuances non plus : on ne peut pas aimer un peu, beaucoup, passionnément. Pourtant, toutes ces mentions « j'aime » sont comptabilisées, sans distinction, et associées à une publication ou au compte. Plus on a de « likes », bien sûr, et plus on est populaire !

Être « liké », ça fait plaisir aussi. Tout le monde a envie d'être apprécié, d'être reconnu. Et tout particulièrement les adolescents qui sont en pleine construction de leur personnalité. Pour être populaire, tu te lances dans la course aux « likes », tu mets au point une stratégie de publication pour donner de toi l'image de quelqu'un de beau, de drôle, de talentueux. Et forcément, tu te compares aux autres et tu te poses des questions : pourquoi j'ai moins de « likes » qu'eux ? Ça te rend jaloux, ça te rend triste. Ou alors, quand il s'agit d'un selfie, tu t'inquiètes, tu changes de coiffure ou tu te mets au régime ! C'est facile à dire, mais mieux vaut ne pas être trop accro aux « likes ».
Le nombre de « likes » ne dit pas la valeur de la personne !

Et les marques ?
« Liker » une marque, ce n'est pas anodin. Grâce au lien que tu as créé avec elle en cliquant, elle a potentiellement accès à tout ton réseau pour ses futures publications.

Sur mon fil *Facebook*, il y a une pub pour une marque de jeans. Comment ils savent que je veux en acheter un ?

Pour « offrir » aux internautes un service gratuit, les réseaux sociaux ont besoin de **l'argent de la publicité**. Une pub est bien plus efficace quand elle est ciblée, c'est-à-dire quand elle s'adresse à quelqu'un qui a des chances d'être intéressé.
Lorsque tu t'inscris sur *Facebook*, tu entres un certain nombre de données. Certaines sont obligatoires, d'autres facultatives, comme tes centres d'intérêt, tes goûts... Si une marque de jeans veut communiquer sur sa nouvelle collection auprès des jeunes de 13 à 17 ans qui sont fans de hip-hop, elle va payer *Facebook* pour récupérer les contacts correspondant au profil visé et afficher la pub sur le « fil » de ces internautes.
Et ce n'est pas tout ! Sur *Facebook*, les utilisateurs partagent automatiquement un certain nombre d'informations avec leurs amis. Cela vaut aussi pour les publicités. Si un utilisateur « like » une pub, ses amis seront avertis de son intérêt pour le produit. Et ça profite encore à la marque !
Même si tu n'as pas « liké » la pub pour le jean, une pub pourrait bien s'afficher sur ton fil *Facebook* pour peu que tu sois allé voir le site de la marque. Comment peuvent-ils le savoir ? **Grâce aux cookies !** Quand tu visites un site, le navigateur stocke sur ton ordinateur ou ton smartphone un cookie : un petit fichier sur lequel sont enregistrées des informations sur toi.

Pour certains sites, les cookies sont utiles. Grâce à eux, chaque fois que tu retourneras sur un site, il te « reconnaîtra » : par exemple, il gardera en mémoire ton panier d'achat ou te fera des suggestions en fonction de ta dernière commande.

Et c'est légal ?
Selon la loi, lorsque tu te connectes à un site pour la première fois, un message doit apparaître pour te proposer d'accepter ou de refuser le cookie et t'indiquer à quoi il sert.

Comment ça marche *Twitter* ?

Twitter est un **outil de microblogage**. Il te permet d'envoyer gratuitement de courts messages appelés « tweets » (140 caractères maximum) sur Internet. Une fois que tu t'es identifié sur *Twitter*, tu arrives sur la page d'accueil où apparaissent les tweets des comptes (amis, blogueurs, stars...) auxquels tu t'es abonné. C'est le **fil d'actualité**. Le fil n'avance que si tu actualises (relances) la page sur ton navigateur.
Pour recevoir des tweets, tu dois donc commencer par t'abonner. *Twitter* te fait des suggestions en fonction de tes centres d'intérêt. Pour t'abonner à un de ces comptes, il suffit de cliquer sur le bouton « suivre ». À tout moment, tu peux te désabonner. Et pour avoir toi-même des abonnés, il faut commencer par tweeter.

INFO +

***Twitter* en bref :**
- **créé en 2006,**
- **traduit en français en 2009,**
- **316 millions d'utilisateurs actifs mensuels,**
- **500 millions de tweets envoyés par jour dans le monde (juin 2015).**

Le compte de la chanteuse Katy Perry compte 76 millions d'abonnés.

Sur *Twitter*, tu tweetes, mais surtout tu **retweetes** : tu partages les tweets intéressants avec tes abonnés, qui peuvent à leur tour les retweeter, et ainsi de suite. Par défaut, les comptes *Twitter* sont publics, ce qui veut dire qu'un tweet peut être repris dans les médias ou utilisé en justice. Mais, en modifiant les paramètres de ton compte, tu as la possibilité de passer en privé. Ainsi, tes tweets seront protégés : seuls tes abonnés pourront les lire.

Créer un profil *Twitter*
Lorsque tu crées un compte, tu dois choisir un nom, de préférence court (il entre dans le décompte des caractères !), et un visuel pour ton profil. Sans visuel, on n'est pas ou peu suivi. Mais ce n'est pas forcément une photo de toi : ça peut être par exemple un avatar. Ta présentation ne doit pas dépasser 160 caractères.

Pour écrire
un *tweet*, comment je fais ?

Il suffit, sur la page d'accueil, de cliquer sur le bouton « plume » ou de placer le curseur dans la fenêtre « quoi de neuf ? ».
Surtout, pas de grands discours sur *Twitter*, on gazouille en **140 caractères maximum** ! Un caractère, c'est une lettre, un signe de ponctuation ou une espace. Comme c'est très court, on a la possibilité d'ajouter un lien vers un article ou une vidéo sur Internet. Mais le lien compte dans les 140 caractères. Heureusement, *Twitter* raccourcit automatiquement les adresses Internet ! On a aussi la possibilité d'inclure une photo. Quand le message est écrit, on clique sur le bouton « Tweeter » pour le publier.
Pour devenir un vrai « twitto », il faut aussi maîtriser la syntaxe : @Bidule indique que je n'adresse le tweet qu'à Bidule, ou que je renvoie vers le compte de Bidule, grâce à qui j'ai pris connaissance de l'information.
RT@Bidule indique que je retweete Bidule, autrement dit que j'envoie à mes abonnés un tweet que j'ai reçu de Bidule.
Le signe dièse (#) est appelé « hashtag ».
Il introduit un mot, cliquable, qui indique le ou les thèmes du tweet.

En anglais, tweet veut dire gazouillis. Sur Twitter, on gazouille, comme l'oiseau bleu qui sert de logo au réseau social.

Qu'est-ce que l'on fait sur *Instagram* ?

Instagram est un **service de partage de photos** – et de vidéos depuis 2013 – disponible sur mobiles. Le nom serait un mot-valise formé des mots anglais « instant » et « telegram » : des photos que tu prends et envoies dans l'instant.

Une fois que tu t'es identifié sur *Instagram*, tu arrives sur la page d'accueil où apparaissent les photos et les vidéos des utilisateurs auxquels tu t'es abonné : amis, blogueurs, stars... Tu peux « liker » ou commenter leurs photos. Tu peux aussi partager tes propres photos et vidéos avec tes abonnés. Pour poster une photo sur *Instagram*, tu dois d'abord prendre une photo soit par le biais de l'application, soit en chargeant une photo à partir de ton smartphone. Ensuite, tu as la possibilité de modifier l'aspect de ta photo en ajoutant des filtres (noir et blanc, sépia...). C'est ce qui a fait, entre autres, le succès d'*Instagram*.

Instagram invite à la pratique de la « phonéographie » : la photographie avec un téléphone mobile.

INFO +

***Instagram* en bref :**

- **créé en 2010, racheté par *Facebook* en 2012,**
- **400 millions d'utilisateurs actifs mensuels dans le monde (septembre 2015),**
- **50 millions d'abonnés au compte de la chanteuse Taylor Swift.**

Comment ça marche *Pinterest* ?

Pinterest est un réseau social qui permet à ses utilisateurs de partager leurs centres d'intérêt en **créant des albums à partir de photos trouvées** sur Internet. Le nom est un mot-valise formé des mots anglais « pin » (épingler) et « interest » (intérêt). Une fois que tu t'es identifié sur *Pinterest*, tu arrives sur la page d'accueil où apparaît une sélection d'images épinglées (ou épingles). Le contenu de cette page dépend des abonnements (des thèmes ou des utilisateurs) que tu suis. Un menu te permet d'accéder à certains thèmes (humour, animaux…) ainsi qu'aux épingles les plus populaires du réseau. Tu peux agrandir les photos, « liker » ou partager celles qui te plaisent, et visiter le site sur lequel l'image a été épinglée. C'est assez simple d'épingler des images. Une fois l'image sélectionnée, tu n'as qu'à la ranger dans une catégorie (un tableau) et ajouter une légende. Si tu veux, tu peux garder le tableau secret…

Pour épingler facilement des images sur Internet, le mieux est d'intégrer le bouton « pint it » dans le navigateur de ton smartphone ou de ton ordinateur.

INFO +

Pinterest **en bref :**

- **créé en 2010,**
- **100 millions d'utilisateurs actifs mensuels dans le monde.**

Qu'est-ce que l'on fait sur *Snapchat* ?

Snapchat est une application de **partage de photos et de vidéos** disponible sur mobiles. Elle permet d'envoyer des messages avec des images ou vidéos qui s'effacent automatiquement au bout de 1 à 10 secondes (la durée est choisie par l'utilisateur). Il est possible d'appliquer des filtres de couleur et surtout de dessiner sur ses photos, notamment sur ses selfies : sur *Snapchat*, on ne se prend pas au sérieux !

Le logo est un petit fantôme qui évoque les images fantômes de l'application.

Snapchat permet également aux utilisateurs de **créer une « story »** : une juxtaposition de plusieurs photos ou vidéos formant une histoire. Une « story » peut être vue autant de fois que l'utilisateur le souhaite, mais chaque élément qui la compose a une durée de vie de 24 heures. Attention à ne pas poster n'importe quelle photo sous prétexte qu'elle s'effacera. En effet, n'importe qui peut la « screener », c'est-à-dire faire une capture d'écran !

INFO +

***Snapchat* en bref :**
- **créé en 2011,**
- **200 millions d'utilisateurs actifs mensuels,**
- **350 millions de « snaps » échangés chaque jour dans le monde.**

Comment ça marche *YouTube* ?

YouTube est un **site web de partage de vidéos**.
Comme tu le sais sans doute, tous les internautes peuvent visualiser les vidéos du site ; en revanche, pour poster un commentaire ou noter les vidéos, il faut avoir un compte *Google+*.
Les vidéos sont accessibles par catégorie (musique, jeux, films…) ou à l'aide de mots-clés (chat, football…). Quand tu regardes une vidéo, d'autres en rapport avec celle que tu visionnes te sont proposées dans une barre défilante. À chacune est attaché un compteur de vues, de « likes » (j'aime) et de « dislikes » (je n'aime pas).
Si tu es inscrit, tu peux aussi t'abonner à des chaînes *YouTube*, et ainsi être tenu au courant de la publication de nouvelles vidéos.
Neuf des dix vidéos les plus vues sur *YouTube* sont des clips musicaux.
Les chaînes *YouTube* des « gamers » dédiées aux jeux vidéo et les chaînes humoristiques sont également très populaires.

INFO +

***YouTube* en bref :**
- **créé en 2005,**
- **racheté par Google en 2006,**
- **1 milliard d'utilisateurs.**

YouTube gagne beaucoup d'argent grâce aux publicités insérées avant les vidéos. Une partie, qui correspond à un pourcentage calculé à partir de nombres de vues, est reversée au youtubeur. Certains, comme Cyprien ou Norman, gagnent très bien leur vie mais cela reste nettement moins que leurs confrères anglo-saxons, la langue anglaise touchant beaucoup plus d'internautes !
Si tu veux, toi aussi, mettre en ligne des vidéos, tu dois créer ta chaîne *YouTube*. Attention, il faut impérativement que les contenus t'appartiennent ou que tu aies les droits d'utilisation (de la musique, par exemple). Si ce n'est pas le cas, ta vidéo risque d'être retirée de *YouTube*.

INFO +

La vidéo au top : *Gangnam Style* du chanteur sud-coréen Psy est la vidéo la plus regardée sur *YouTube*. Publiée en juillet 2012, c'est la première à avoir dépassé le milliard de vues. C'est aussi celle qui compte le plus grand nombre de « likes ».

Tremplin !
Comme le succès attire le succès, les stars de *YouTube* rencontrent leurs fans dans des meet-up (Enjoyphenix), passent de la vidéo à la scène (Norman) ou se voient ouvrir les portes des maisons d'édition (Natoo et son faux magazine de mode, Cyprien et sa BD...).

Dans la même collection

Qui décide quoi ?
et toutes les questions que tu te poses sur ton quotidien !

Ça fait quoi d'être gaucher ?
et toutes les questions que tu te poses pour vivre heureux avec les droitiers !

Comment on fait pipi dans l'espace ?
et toutes les questions que tu te poses pour devenir un parfait astronaute !